Somos, indiscutivelmente, os mais fofos do planeta. Alguém tinha de ser, né? Calhou de sermos nós, o que se há de fazer? O que é bonito tem de ser dito. O que é charmoso e gostoso tem de ser elogiado. Sem modéstia alguma, sem culpa nenhuma!

Dizem que um gato tem sete vidas, mas eu não vou esperar pelas minhas outras seis, para aproveitar o melhor que a vida pode me oferecer agora!

Quero já, sem demora,
ser feliz, sem medo de
ser feliz!
Viver de noite e de dia,
esbanjando alegria!
Encher os olhos com
tudo que me transmita
paz e harmonia;
tudo que torna a vida
mais bonita e colorida!

Quero curtir os outonos,
os invernos, as primaveras
e os verões com muito prazer!
Celebrar, enfim, a vida,
todos os dias!

Quero fazer feliz
a quem eu amo!

Quero beijar muito!!!!
Beijar e ser beijado,
pois sou como
uma flauta,
só sossego
com beijinho!

Quero namorar bastantão.
Cantar, ao pé do ouvido do meu amor, canções como esta:

Meu amor me deixa num estado de graça, quando me abraça e extravasa o meu coração de paixão... "Beijos sem fim" é o tema da nossa campanha, no sofá ou na cama, na grama ou na fama, na onda do amor... Seja onde for... A nossa pele junta, brilhando entre a espuma branca que avança no vai e vem da onda de um amor que arromba a festa.
Não dá pra parar porque a gente se ama no sofá ou na cama, na grama ou na fama, na onda do amor, seja como for...

Viver amando, a mando do amor, agora e sempre...
Porque a vida é melhor amando, a mando do amor...
A cidade, os passeios no parque, as viagens,
o trabalho, o ar, a noite, o verão, o sorvete,
o chocolate, a lazanha, tudo, enfim, fica melhor
amando, a mando do amor...

Comigo e minha alma gêmea
será sempre assim:
um casamento completo,
um amor sem fim...

Quero ter um milhão de amigos,
com eles virar os Super Amigos,
ser um a menos na violência,
um a mais a favor da paz!

Pela lente do amor, quero ver toda gata em todo gato,
todo gato em toda gata, ver todo ser vivo que passar por mim...
Perdoar e ser perdoado, amar e ser amado...
Acima de tudo, aceitar as diferenças,
compreender que ninguém é igual a ninguém.
Que bom que cada um tem um gosto,
o que seria de dezembro, se todos gostassem só de agosto?
Compreender, enfim, que mesmo em meio a tantas diferenças
podemos todos conviver com benevolências.

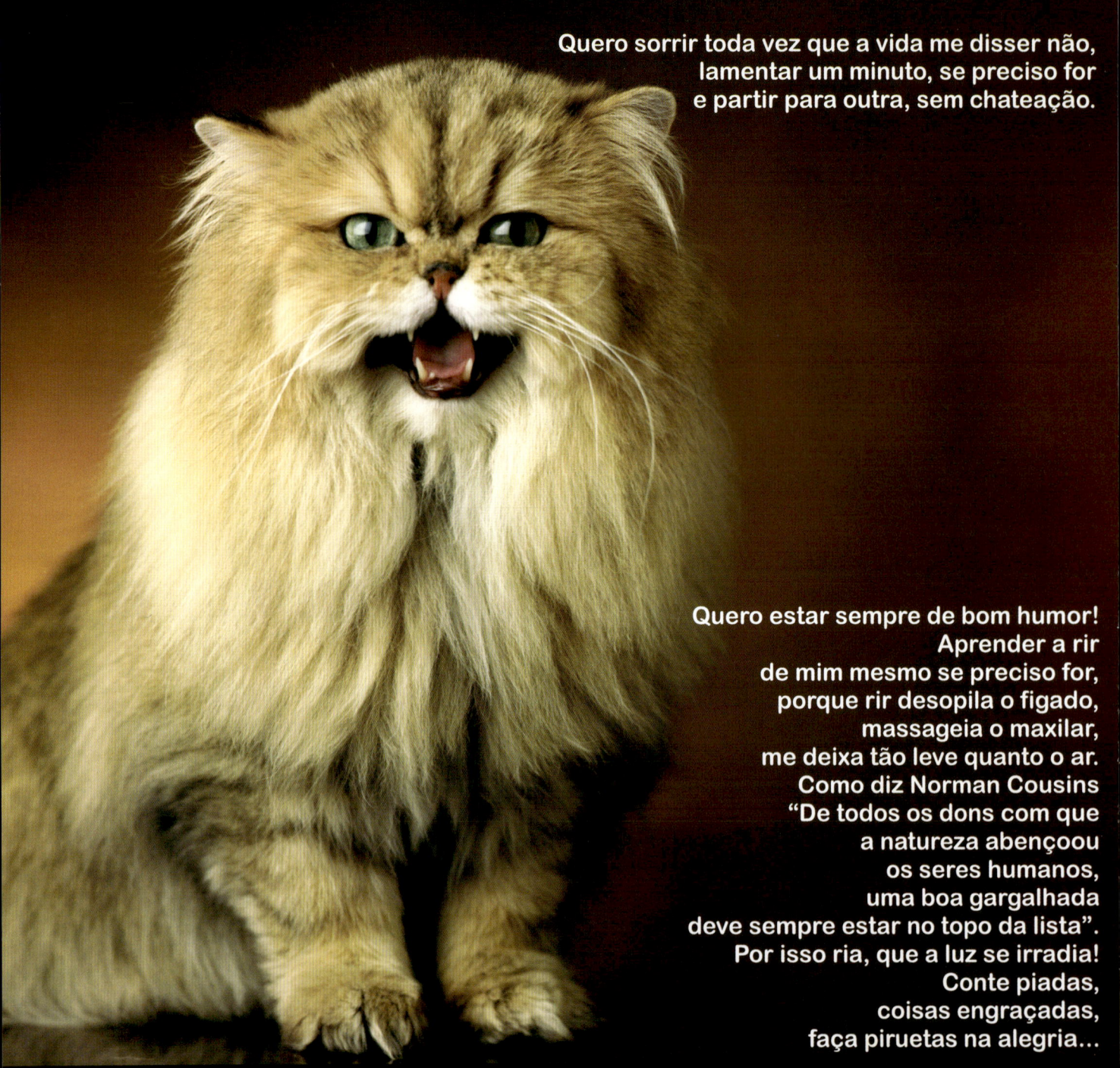

Quero sorrir toda vez que a vida me disser não,
lamentar um minuto, se preciso for
e partir para outra, sem chateação.

Quero estar sempre de bom humor!
Aprender a rir
de mim mesmo se preciso for,
porque rir desopila o fígado,
massageia o maxilar,
me deixa tão leve quanto o ar.
Como diz Norman Cousins
"De todos os dons com que
a natureza abençoou
os seres humanos,
uma boa gargalhada
deve sempre estar no topo da lista".
Por isso ria, que a luz se irradia!
Conte piadas,
coisas engraçadas,
faça piruetas na alegria...

Vou sair de qualquer embrulhada com inteligência e fé,
porque a fé não costuma falhar!

Quero superar de cabeça erguida
todos os desafios que aparecerem.

Sei que posso ser maior
que qualquer obstáculo que surja em minha vida.
Que para tudo há uma saída, a vida já pode estar
me levando para ela. Por isso, fico atento,
para sacudir a poeira e dar a volta por cima!

Vou dar água na boca de muita gente!

Deixarei todos loucos com o meu charme: miau!!!

Serei um velhinho enxuto. Ágil e lúcido, entusiasmado com tudo. Reciclarei produtos porque amo o mundo, dele cuido!

Vamos reciclar

Quero sempre contar até dez, antes de explodir com alguém, porque explosão não tá com nada!

Ao ganhar na loteria,
ganhei também a oportunidade de ajudar quem precisa,
porque o meu sucesso e a minha prosperidade
são também o sucesso e a prosperidade de muita gente!

Quero assistir a meus
programas favoritos de TV,
chorar de emoção,
rir muito comigo
mesmo e com você.
Comer pipoca,
tomar groselha e sakê!

Quero tirar um momento só para ficar comigo,
desligar-me do mundo e me curtir,
meditar, pôr a cabeça no lugar,
elevar meus pensamentos a Deus...
Lembrar que a vida vai muito além
do que julga a nossa vã filosofia...

Quero trabalhar
com prazer
porque o trabalho
me faz sentir útil,
desatrofia o cérebro,
movimenta os músculos
e me dá grana para viver!

Tudo que eu fizer,
quero fazer bem feito,
com amor,
paixão e respeito.
Quero descobrir
e desenvolver
minhas potencialidades.

Vou beber todas,
"todas" que me façam bem!
Experimentar todas,
todas, sem nhem nhem nhem!

Vou me exercitar com prazer,
deixar o meu corpo
eternamente jovem e saudável,
com energia para dançar axé e reggae...

Quero ser aquele que acrescenta
algo de bom e positivo à vida
e não o que gera violência.

Quero degustar o meu prato e a minha sobremesa favorita...

...e mergulhar no mundo fascinante da literatura, ler todos os livros de Américo Simões*

*Modéstia a parte (rsss)

Vou comemorar o meu aniversário com tudo a que tenho direito! Muita festa, muito presente, muita gente contente, ao meu redor! Existe coisa melhor?

Após o almoço, um cochilo gostoso é sempre muito bem-vindo.
Para sonhar com alegrias e renovar energias!

Com meu amor e meus amigos,
tomarei o chá das cinco,
com muitas guloseimas e meus doces favoritos.

Banhos de espuma
vou tomar,
ficar todo ensaboado,
limpinho e perfumado
para depois me esbaldar!

Quero sempre estar um charme, daqueles de dar água na boca aos que me veem!

Quando o Natal chegar, quero me vestir de Papai-Noel e presentear todos que amo. Beijar e abraçar os que dão sentido a minha vida. Todos, enfim, que me fazem perceber que Deus nunca nos deixa sós!

Vou me lembrar do Menino Jesus que me ensinou tudo: a olhar além do horizonte, a apreciar todas as cores que há nas flores e nos montes, a beleza de uma poesia, a grandeza do dia a dia, a verdadeira riqueza da alma.

Passarei todo fim de ano
ao lado de todos que amo,
cantando a toda voz:
"Que tudo se realize
no ano que vai nascer...
Muito dinheiro no bolso,
saúde pra dar e vender!"

As férias serão
sempre super férias.
Aproveitarei também,
sempre que possível,
ensinar a quem amo,
a desenvolver
suas habilidades...

No carnaval, vou me esbaldar, viver uma fantasia real!
Noites inesquecíveis, de puro glamour.
Dias inimagináveis, com muito frou frou...
Ser um pierrot apaixonado com a cabeleira do Zezé,
em meio a muito confete e serpentina,
nos braços da colombina!

**Vou dançar muito!
Ser bailarino da
Madonna ou da Ivete,**
ser até mesmo
uma chacrete,
não importa,
desde que
eu abra a porta
para a música
e a deixe me levar,
livre, leve e solto
a balançar!!!
**Soltar o
John Travolta
que existe em mim!**

A pista de dança é
um lugar onde você
pode se livrar das suas
dores de cabeça,
trocar
os desagrados
por esperança,
renovar suas energias,
ser melhor
do que já foi um dia...

Quero soltar a voz, ser a Maria Bethania ou a Lady Gaga da Gatolândia. Cantar canções que provoquem emoções como esta:

"Eu sou seu bombom,
seu eterno vapor pelos mares do mundo.
Você é minha alquimia,
minha terapia,
juntos vamos fundo...
Somos Paraíso,
um grande feitiço,
uma peça teatral.
O Cravo e a Rosa,
um história gostosa,
um país tropical.
Eu sou seu bondinho
e você é o meu Morro da Urca...
O meu São Longuinho,
o meu pagodinho,
a minha Corrida Maluca.
Somos tudo isso,
um elo perdido,
um lance cuca legal...
Não há quem não diga que a gente pareça algo irreal."

Diz o ditado que quem canta seus males espanta, então quero cantar muito!!!

Espantarei sempre o tédio e a solidão com uma careta bem feia!

Conhecerei tudo que o mundo
tem para me oferecer,
até mesmo o reino de Atlândida,
seus tesouros, suas lendas...

...darei a volta ao mundo, num balão colorido...

...estenderei as mãos, os pés e as patas sempre que meu semelhante precisar, quando seu caldo engrossar ou sua sopa esfriar...

...transformarei meus problemas em soluções, meus "grilos" em grilos falantes e elegantes a cantar: "Bye Bye tristeza, não precisa voltar!".

E quando a noite chegar, quero dormir tranquilo, agradecido a Deus por mais um dia de aprendizado e alegrias e sonhar...
Visitar os lugares que só os sonhos podem me levar...
Lugares que estão lá, no infinito...

E acima de tudo quero ter um final feliz,
como aqueles de cinema,
onde todos os sonhos se tornam reais,
onde o amor ainda se faz presente e contente,
eternamente dentro do coração.

Quando eu tiver minhas outras vidas, vou aproveitá-las
tanto quanto esta de agora; estarei com meus amigos de outrora,
porque Deus nunca nos deixa sós e sempre desata os nós
que nos impedem de sermos felizes!
Vou renascer em cada canto do planeta e poder dizer em todas as línguas -
Hasta la vista, baby! Sayonara! See you soon, baby! Ciao! Adieu! Alahá is marladik!
Auf wiedersehen! Másáláma! Shálom! Dás vidanya! - Até logo, compadre!